LA FOI

ET

L'IMPIÉTÉ

SCÈNE DE LA FIN DES TEMPS

ORATORIO

PAR

Le Baron MEYRONNET SAINT-MARC

MARSEILLE

TYPOGRAPHIE ET LITHOGRAPHIE MARIUS OLIVE

RUE SAINTE, 39.

1875

LA FOI ET L'IMPIÉTÉ

LA FOI

ET

L'IMPIÉTÉ

SCÈNE DE LA FIN DES TEMPS

ORATORIO

PAR

Le Baron MEYRONNET SAINT-MARC

MARSEILLE

TYPOGRAPHIE ET LITHOGRAPHIE MARIUS OLIVE

RUE SAINTE, 39.

1875

LA FOI ET L'IMPIÉTÉ.

SCÈNE DE LA FIN DES TEMPS.

ORATORIO.

PERSONNAGES :

LE CHEF DES CHRÉTIENS.
LE CHEF DES IMPIES.
UNE JEUNE FILLE CHRÉTIENNE.
UNE JEUNE FEMME IMPIE.
UN PROPHÈTE.
PREMIER CHRÉTIEN.
DEUXIÈME CHRÉTIEN.

TROISIÈME CHRÉTIEN.
PREMIER IMPIE.
DEUXIÈME IMPIE.
PREMIÈRE JEUNE FILLE IMPIE.
DEUXIÈME JEUNE FILLE IMPIE.
CHOEUR DES CHRÉTIENS
CHOEUR DES IMPIES.

La scène se passe sur une place publique ; les chrétiens paraissent 'es premiers, peu à peu les impies arrivent et il se forme alors deux camps au-devant desquels se tiennent les chefs. A la fin, les deux camps se confondent autour du prophète et derrière lui.

LE CHEF DES CHRÉTIENS.

Les temps sont arrivés prédits par le prophète ;
Chrétiens, il faut choisir ou la vie ou la mort,
Ou le mal ou le bien, le calme ou la tempête,
Ou l'enfer ou le ciel, ou l'abîme ou le port.
Qui ne sert pas son Dieu combat contre Dieu même ;
Plus de ces faux-fuyants et de ces compromis ;
Suivez la vérité. Dans cet instant suprême,
Le Christ sera pour vous contre vos ennemis.

Armez-vous d'une foi sincère,
Suivez la route du devoir.
Il faut lutter par la prière
Et mettre au ciel tout votre espoir.

Si vous tombez dans la carrière
Par un martyre glorieux,
Votre nom, obscur sur la terre,
Brillera plus pur dans les cieux.

PREMIER CHRÉTIEN.

Le soleil brillant dans l'espace
De Dieu raconte la grandeur ;
La nuit dit à la nuit, le jour au jour qui passe
La volonté du Créateur.

DEUXIÈME CHRÉTIEN.

Qui ne veut pas voir la lumière
A dit : Je ne servirai pas ;
Nous, Seigneur, nous voulons te servir et te plaire ;
A toi nos cœurs, à toi nos bras.

TROISIÈME CHRÉTIEN.

Que le méchant tremble et frémisse
Devant le Dieu de vérité !
Seigneur, à l'univers dispense ta justice ;
Tes arrêts sont pleins d'équité.

LE CHEF DES CHRÉTIENS

Qu'un serment solennel en ce moment vous lie
Et jurez d'aimer Dieu qu'ici bas on oublie.

CHŒUR DES CHRÉTIENS.

Avec amour en inclinant nos fronts,
Nous le jurons.

LE CHEF DES CHRÉTIENS.

Avec l'antique erreur jamais de pacte infâme :
La vérité du Christ doit régner dans votre âme.

CHŒUR DES CHRÉTIENS.

Avec ardeur en inclinant nos fronts,
Nous le jurons.

LE CHEF DES CHRÉTIENS.

O Seigneur, qui nous voit combattre pour ta gloire,
Dirige nos efforts, donne-nous la victoire !

CHŒUR DES CHRÉTIENS.

Seigneur, que notre chant
S'élève de la terre ;
Toi seul es la lumière.
Toi seul es tout puissant.

Ainsi que la flamme
Monte vers le ciel,
Les vœux de notre âme
Vont à l'Eternel ;

Et notre prière
Apaise, Seigneur,
La juste colère
Qui gronde en ton cœur.

Combattre pour ta gloire
Est un honneur pour nous,
Ah ! donne la victoire
Au peuple à tes genoux.

Le cœur se met à genoux et reprend

Seigneur, que notre chant
S'élève de la terre ;
Toi seul es la lumière,
Toi seul, Seigneur, es grand.

UNE JEUNE FILLE CHRÉTIENNE.

Doux est à l'exilé l'air pur de la patrie,
Au passant altéré le murmure de l'eau,
Doux est le long baiser d'une mère chérie,
Et l'œil bleu de l'enfant qui veille en son berceau.

Douce est au voyageur la cloche de l'ermite
Quand le tonnerre gronde et sillonne les airs ;
Douce est au prisonnier l'heure qui précipite
Le désiré moment où tomberont ses fers.

Douce est pendant la nuit à la fleur la rosée,
Douce au cerf fatigué la source au fond des bois
Qui répare sa force un moment épuisée ;
Mais à Dieu se donner est plus doux mille fois.

CHOEUR DES CHRÉTIENS (*Reprise*).

Seigneur, que notre chant
S'élève de la terre ;
Toi seul, Seigneur, es grand,
Toi seul es la lumière.

LE CHEF DES IMPIES.

Quels sont ces chants que j'entends retentir ?
Seraient-ce des chrétiens les jeux et la licence ?

PREMIER IMPIE.

Il est des lois dont on peut se servir
Pour les réduire à garder le silence.

DEUXIÈME IMPIE.

Nos vœux sont pour la liberté,
Mais nous l'établirons quand nous serons les maîtres,
Quand la moderne humanité
Ne croira plus aux dieux, aux prêtres.

PREMIER IMPIE.

Nous ne pouvons laisser insulter la raison.

DEUXIÈME IMPIE.

Quiconque est contre nous n'est-il pas un rebelle ?

LE CHEF DES IMPIES.

De ces chrétiens, amis, craignez la trahison.
Le peuple est souverain, sa justice immortelle.

La prison pour les dangereux,
Qu'à l'exil le reste s'apprête.

CHOEUR DES IMPIES.

La liberté n'est pas faite pour eux ;
Allez, soldats, qu'on les arrête.

LE CHEF DES IMPIES.

Nous n'avons pas besoin de dieux,
Le nombre est tout, c'est la justice.

CHOEUR DES IMPIES.

Oui, le droit du plus fort vaut mieux ;
Allez, soldats, qu'on les saisisse.

LE CHEF DES IMPIES.

Et si quelque moine odieux
A la révolte les entraîne ?

CHOEUR DES IMPIES

Sans vains discours courez sur eux ;
Allez, soldats, qu'on les enchaîne.

UNE JEUNE FEMME IMPIE.

Premier Couplet.

Assez longtemps dans l'esclavage,
La femme a dû ronger son frein,
Nous proscrivons le mariage,
Au nom du peuple souverain.

La femme libre se révèle,
Subir un maître est un affront :
   Voici l'ère nouvelle,
   Les dieux s'en vont.

CHOEUR DES IMPIES.

   Voici l'ère nouvelle,
   Les dieux s'en vont.

Deuxième Couplet

Il faut abolir la famille
Et l'héritage son soutien ;
Non, plus de père, plus de fille,
L'état seul et le citoyen.

La femme libre se révèle,
Subir un maître est un affront :
    Voici l'ère nouvelle,
    Les dieux s'en vont.

CHOEUR DES IMPIES.

Voici l'ère nouvelle
Les dieux s'en vont.

PREMIÈRE JEUNE FILLE IMPIE.

Plus de douleurs, plus de misère,
Plus de paradis ni d'enfer !

DEUXIÈME JEUNE FILLE IMPIE.

Ils vont venir ces temps prospères,
Où nous pourrons briser nos fers.

PREMIÈRE JEUNE FILLE IMPIE.

La femme libre se révèle.

DEUXIÈME JEUNE FILLE IMPIE.

Subir un maître est un affront.

PREMIÈRE ET DEUXIÈME ENSEMBLE

Voici l'ère nouvelle,
Les dieux s'en vont

CHŒUR DES IMPIES.

Voici l'ère nouvelle,
Les dieux s'en vont.

*(Le chœur des Chrétiens et le chœur des Impies tantôt
alternants, tantôt ensemble)*

CHŒUR DES CHRÉTIENS.

Ecoute-moi, Seigneur, et du fond de l'abîme,
Que ma voix suppliante arrive jusqu'à toi !
Qui pourra subsister si tu juges le crime
    Avec la rigueur de ta loi ?

Mon Dieu, j'ai mis en toi mon unique espérance ;
Ta parole est ma loi, laisse ton serviteur
S'abriter sous ta main ; à toi, Dieu de clémence,
    Ma foi, mon amour et mon cœur !

Oui, le Seigneur viendra nous racheter lui-même ;
C'est l'Homme-Dieu qui s'offre au courroux éternel ;
C'est lui qui vient souffrir, mourir pour ceux qu'il aime
    Et pour le salut d'Israël

CHŒUR DES IMPIES.

Nous sortirons enfin tous armés de l'abîme
Où l'on nous enchaînait. Ils trembleront d'effroi
Tous nos vieux ennemis, nous jugerons leur crime
    Avec la rigueur de la loi.

Qui pourrait empêcher notre juste vengeance ?
Quels sont ces insensés ? Quel est cet imposteur ?
Ils doivent perdre tout, tout, jusqu'à l'espérance
    De pouvoir toucher notre cœur.

Le peuple désormais gouvernera lui-même,
Seul il est souverain, son trône est éternel;
Heureux qui voit son jour, et que celui qui l'aime
    Chante son triomphe immortel.

LE CHEF DES IMPIES.

Plus d'Eglise et plus de mystère.
Qui nous parle de charité
Et de pauvreté volontaire ?
Ces mots sont trop vieux pour l'humanité.

Arrière les vieilles croyances !
Nous voulons notre égalité,
Nous abolissons les souffrances
Par un décret sur la fraternité.

La raison voilà notre Bible,
Nous sommes rois, nous sommes dieux !
Le philosophe est infaillible :
Nous ne croyons qu'à ce qu'ont vu nos yeux.

LE CHEF DES CHRÉTIENS (*s'adressant au Prophète*).

Prophète dont la voix console,
De ce peuple exauce le vœu.

PREMIER CHRÉTIEN.

L'Esprit-Saint guide ta parole,
Dévoile les secrets de Dieu.

CHOEUR DES CHRÉTIENS.

Prophète dont la voix console,
De ton peuple exauce le vœu !
L'esprit-Saint guide ta parole,
Dévoile les secrets de Dieu.

LE PROPHÈTE

Peuple, c'est Dieu lui-même
Qui nous donne sa loi,
Et cet instant suprême
Va raffermir ta foi.

Du fond de la plaine
Accourt l'ouragan :
Sous la chaude haleine
Gémit le torrent.
Dans la forêt sombre,
Bruits mystérieux ;
Eclatant dans l'ombre,
Etonnant les cieux,
La tempête augmente,
Sévit en fureur,
Sème l'épouvante
Et glace le cœur.
L'eau comme une trombe
S'échappe des airs,
Et la foudre tombe
Des cieux entr'ouverts.

*(Le tonnerre éclate, la foudre tombe, le chef des impies
est foudroyé.)*

CHŒUR DES IMPIES.

Il est renversé sur la terre ;
Notre valeureux chef est mort ;
Il est frappé par le tonnerre ;
Leur Dieu serait-il le plus fort ?

CHOEUR DES CHRÉTIENS.

Votre valeureux chef est mort.
Entendez la voix du tonnerre !
Oui, notre Dieu c'est le plus fort.

LE CHEF DES CHRÉTIENS.

Frères, prions pour notre frère ;
Que Dieu ne le condamne pas ;
Seigneur, entends notre prière
Et pour bénir étends ton bras.

CHOEUR DES CHRÉTIENS.

Seigneur, épargne-nous dans ta juste colère
Et ne nous reprends pas dans ta sainte fureur ;
Souviens-toi du pardon conquis sur le Calvaire ;
A la mort éternelle arrache le pécheur !

LE CHEF DES CHRÉTIENS.

Sans savoir ce qu'il fait, le méchant t'abandonne
Dans l'éternel combat du mal contre le bien,
Nous avons pardonné, mais toi, Seigneur, pardonne !
Dans le sang de ton Fils qu'il trouve son soutien !

CHOEUR DES CHRÉTIENS.

Seigneur, épargne-le dans ta juste colère
Et ne le reprends pas dans ta sainte fureur
Souviens-toi du pardon conquis sur le Calvaire ;
A l'éternelle mort arrache le pécheur !

PREMIER IMPIE.

En priant pour celui qui vous faisait la guerre,
    Chrétiens, vous touchez notre cœur ;
De ce Dieu méconnu la charité m'éclaire,
    Frères, prions tous le Seigneur.

*(Les chœurs des Chrétiens et des Impies se réunissent et
chantent la reprise du premier chœur).*

AU PREMIER CHOEUR.

Seigneur, que notre chant
S'élève de la terre,
Toi seul es la lumière,
Toi seul, Seigneur, es grand !

Ainsi que la flamme
Monte vers le ciel,
Les vœux de notre âme
Vont à l'Eternel,

Et notre prière
Apaise, Seigneur,
La juste colère
Qui remplit ton cœur.

Combattre pour ta gloire
Est un bonheur pour nous ;
Tu donnes la victoire
Au peuple à tes genoux.